R. ofa.

SCM

Stiftung Christliche Medien

Bilder: Dietmar Reichert: 18, 24, 41 | dreamstime: Lane Erickson 13, Larry Gevert 14, Andrey Vergeles 16, Chuyu 20, Radu Razvan Gheorghe 32, Caranica Nicolae 46, Serge Villa 53, Petr Jilek 64, Patryk Kosmider 66 | fotolia: Dudarev Mikhail 6, Dmitry Ersler 9, amandare 10, S.Kobold 23, Almgren 26, WimL 29, Simon Dannhauer 30, Alterfalter 35, Olivér Svéd 39, Gerhard Reus 42, Tomas Sereda 44, hdsidesign 48, Daniel Etzold 51, ronnybas 54, berndwunsch 56, by paul 58, DirkR 60, VRD 62, Netzer Johannes 68

Gesamtgestaltung: Dietmar Reichert, Dormagen
Druck und Bindung: Dimograf
Gedruckt in Polen
ISBN 978-3-7893-9585-7
Bestell-Nr. 629.585

Doris und Wilfried Schulte

Willkommen unterwegs

Mit Gott auf der Reise

SCM Collection

Vorwort

„Wenn einer eine Reise tut,
dann kann er was erzählen.
Drum nähme ich den Stock und Hut
und tät das Reisen wählen."

Dieses Zitat von Matthias Claudius zeigt, wie sehr das Reisen schon zu seiner Zeit wertgeschätzt wurde. Der Mensch sehnt sich nach den besonderen und außergewöhnlichen Erfahrungen des Lebens. Die Seele atmet auf, wenn wir Neues entdecken und einfach mal das so ganz Andere genießen können. In diesen Erfahrungen liegt auch ein großer Erholungswert verborgen. Die Routine des Alltags liegt hinter uns, und das Neue lenkt unseren Blick in eine andere Richtung. Mehr noch, es erlaubt uns, auf den Alltag zurückzuschauen und ihn wieder neu zu entdecken oder mit neu gewonnen Erfahrungen zu verändern und zu bereichern. Reisen füllt uns mit Ideen, Freude, Lebenslust und neuer Kraft.

Der neue Blickwinkel ist immer eine Bereicherung. Dabei ist es nicht entscheidend, wie weit oder wie lange wir unterwegs sind, sondern dass wir uns Zeit nehmen auf unserer Reise.

Unser Leben ist eine Reise von der Wiege bis zum Grab. An vielen Stationen ist uns die Reiseroute vorgegeben. Wir folgen einem vorgegebenen Weg und doch können wir das Tempo und die Blickrichtung und sehr oft auch die Zeit des Verweilens bestimmen.

Schön ist es, wenn wir diesen Weg nicht allein gehen. Es tut gut, sich über die Erfahrungen und Herausforderungen mit anderen „Reisegefährten" auszutauschen. Und es ist ein großer Gewinn, wenn wir einen erfahrenen Reisebegleiter gefunden haben. Jemand, der die schönen Stellen des Lebens kennt, und uns hilft, gute und begehbare Wege zu finden, wenn die Route mal schwierig wird.

Dieses Buch spricht von der Reise des Lebens durch Gottes wunderbare Welt. Eine Reise, die ihren Wert findet in den vielen kleinen und großen Erfahrungen und Entdeckungen des Lebens. Gottes Wort ist dabei unser Reiseführer auf dem Weg des Lebens. Begleiten Sie uns auf einigen Etappen unserer Reise.

Willkommen unterwegs!

Ab in die Sonne!

Die Sonne ist mit ihrem Durchmesser von 1,39 Millionen km (das entspricht dem 109-fachen des Erddurchmessers) nicht nur der beherrschende Himmelskörper in unserem Planetensystem. Sie ist auch absolut unentbehrlich für alles Leben auf der Erde. Jeder weiß, dass Pflanzen ohne Licht eingehen. Neben frischem Wasser und mineralreicher Erde benötigen sie das Licht der Sonne, damit sie prächtig gedeihen. Genauso brauchen wir Menschen neben Wasser und einer ausgewogenen Ernährung Licht zum Leben!

Wir sind auf das Vitamin D der Sonne angewiesen. Ohne Sonnenstrahlen baut sich unser Immunsystem ab, und wir werden anfällig für Infektionen und Krankheiten. Deshalb tut uns eine Reise in den Süden so gut – gerade in der kalten Jahreszeit. Oder auch ein Spaziergang an der frischen Luft unter freiem Himmel – übrigens eine sehr effektive und günstige Methode, um sich selbst etwas Gutes zu tun. Dafür müssen wir noch nicht einmal auf ferne Reisen gehen, sondern nur dreimal pro Woche unser Haus oder Bürogebäude mit UVB-undurchlässigem Glas verlassen. Kein Wunder, dass es so viele Lieder über die Sonne gibt. Kein Wunder, dass es so viele Menschen gibt, die sonnenbaden gehen. Kein Wunder, dass Gott sich selbst mit der Sonne vergleicht, ohne die wir nicht leben könnten.

„Gott, der Herr, ist die Sonne, die uns Licht und Leben gibt, schützend steht er vor uns. Niemand ist so gut zu uns wie er!“

Psalm 84,12 (HFA)

Wer sich etwas Gutes tun möchte, geht nicht nur regelmäßig an der frischen Luft unter freiem Himmel spazieren, sondern lässt auch regelmäßig Gottes Verheißungen auf sich einwirken. Das ist die beste Ernährung zu jeder Jahreszeit. Gott will unseren Herzen Gutes tun.

„Wo wir uns der Sonne freuen,
sind wir jede Sorge los.“

Johann Wolfgang von Goethe

(D)ein Spiegelbild

Jede Begegnung mit anderen Menschen und Kulturen prägt unser Leben – manchmal sogar ganz entscheidend! Es sind Menschen, die uns eine Zeit lang begleitet und uns zu den Persönlichkeiten gemacht haben, die wir heute sind. Es sind Menschen, die unsere Seele berühren, die uns ein Vorbild geworden sind. So wie diese Menschen uns inspiriert haben, so geben wir auch weiter, was uns erfüllt und für uns bestimmend ist. Das sind Spuren, die niemals verwehen.

Stellen Sie sich vor, Sie bitten Ihre Familie und gute Freunde, Ihnen zu sagen, wie sie Sie erleben und wie Sie Ihr Leben in ihren Augen gelebt haben. Was würden diese Menschen sagen? Was würden Sie gerne hören wollen?

Wenn Sie wissen möchten, was für Sie im Leben wichtig und wertvoll ist, dann können Sie sich folgende Fragen stellen: Wofür will ich bekannt sein? Was will ich erreicht haben? Und wem will ich gedient haben? Die Antworten auf diese Fragen offenbaren die Grundmotivationen Ihres Lebens. In den Antworten erkennen Sie, wofür Sie leben und warum Sie das tun, was Sie tun. Vielleicht erschrecken Sie sich vor dem Ergebnis. Vielleicht gestehen Sie sich ein, dass Sie gerne andere Beweggründe hätten. Aber vergessen Sie nicht, wenn Sie in den Spiegel schauen und nicht vollkommen zufrieden mit sich selbst sind: Gott ist gnädig!

Wenn ich vor dem Spiegel stehe
Und mir in die Augen sehe
Müdigkeit darin entdecke
Und mich vor mir selbst erschrecke
Wenn das Licht zu grell erscheint
Und meine Schönheit fast verneint
Wenn die Falten nur erzählen
Von Geschichten, die mich quälen
Dann will ich in deiner Gnade sein.

Dein Blick geht unter meine Haut
Du hast mich zärtlich angeschaut
Und was du siehst, ist das was gilt
Und was du sagst, ist was erfüllt
Du hast die Sehnsucht mir gestillt
Ich wäre so gern dein Spiegelbild.

Christina Brudereck

Besser nicht allein!

„Das Wichtigste für einen Reisenden ist der Weggenosse: In Gesellschaft eines guten und verständigen Gefährten lassen sich selbst Kälte und Hunger leichter ertragen."

Nikolai Semjonowitsch Leskow

Als immer mehr Europäer nach Nordamerika übersiedelten, verschenkte die amerikanische Regierung quadratische Grundstücke an all diejenigen, die bereit waren, sich auf neue Ansiedlungen einzulassen. Viele Menschen strömten nun aus den überfüllten Städten des Ostens in den Westen, um endlich eigenes Land zu besitzen. Ehe sie ihr neu erworbenes Land bebauen konnten, mussten sich diese Familien ein Haus bauen, worin sie zunächst wohnen konnten. Dieses bauten sie in die Mitte ihres Grundstückes. Der Grund war offensichtlich: Menschen, die vorher nie eigenes Land besessen hatten, genossen das Gefühl, dass alles, was sie sehen konnten, ihnen gehörte.

Doch bald kamen die negativen Aspekte zum Vorschein: Die gewollte Isolation und Distanz hatte die Menschen eigenartig gemacht. Ab und zu besuchten Journalisten diese Umsiedler, um das Leben auf dem Neuland zu dokumentieren, und kamen zurück mit Fotos von seltsam aussehenden Männern, wild dreinblickenden Frauen und Kindern mit schwermütigen Blicken. Es dauerte nicht lange, und viele dieser Familien versetzten ihre Häuser ganz bewusst auf die Ecke ihres Grundstückes, wo in unmittelbarer Nähe andere Familien das Gleiche getan hatten. Vier Familien, die zusammen leben, die Freud und Leid, Leben und Tod, Überfluss und Mängel gemeinsam erlebten, hatten eine viel bessere Chance, das unbewohnte Land zu kultivieren und mit Leben zu füllen, als alleine.

„Zwei sind allemal besser dran als einer allein. Wenn zwei zusammenarbeiten, bringen sie es eher zu etwas. Wenn zwei unterwegs sind und hinfallen, dann helfen sie einander wieder auf die Beine. Aber wer allein geht und hinfällt, ist übel dran, weil niemand ihm helfen kann. Wenn zwei beieinander schlafen, können sie sich gegenseitig wärmen. Aber wie soll einer allein sich warm halten? Ein einzelner Mensch kann leicht überwältigt werden, aber zwei wehren den Überfall ab. Noch besser sind drei; es heißt ja: ‚Ein Seil aus drei Schnüren reißt nicht so schnell!'"

Prediger 4,9-12 (GNB)

Spurwechsel

Wir haben viele Jahre in Kanada gelebt. Dieses Land ist unter anderem bekannt für seinen kalten Winter, ganz besonders in der Prärie. Im Herbst kann es passieren, dass die Traktoren und Fahrzeuge dort, wo der Boden noch weich ist, tiefe Spuren in die nicht asphaltierten Wege eindrücken. Diese Spuren frieren dann im Winter zu. An einer dieser Stellen steht ein Schild mit der Aufschrift: „Seien Sie vorsichtig, wenn Sie sich eine Spur aussuchen, denn Sie werden die nächsten 20 km in dieser Spur sein."

Auf unserer Lebensreise ist das ähnlich. Wir suchen uns eine Spur aus oder geraten ungewollt in eine Spur und stecken dann in dieser fest. Es ist nicht einfach, die tiefe Spur zu wechseln. Man muss sich eine günstige Stelle suchen und braucht Mut und Geschick.

Nur zu oft läuft unser Lebensweg in den tiefen Spurrillen unserer Gewohnheiten. Und nicht alle Sitten sind hilfreich, angenehm und wohltuend – besonders dann, wenn diese Gewohnheiten unser Leben vom Gott der wahren Quelle des Lebens wegführen.

Gott lädt den Menschen immer wieder zu einem Spurwechsel ein. Schon zu seinem Volk Israel sagt er durch den Propheten Jesaja: „Warum solltet ihr euer Geld für etwas ausgeben, das kein Brot ist, euren Lohn für etwas, von dem ihr nicht satt werdet? Hört zu und esst Gutes und eure Seele wird satt werden. Kommt zu mir und sperrt die Ohren auf! Hört mir zu und eure Seele wird leben. Ich will einen ewigen Bund mit euch schließen" *(Jesaja 55,2-3; NLB)*.

Ist vielleicht heute für Sie der Tag, an dem Sie Ihre Lebensspur verändern sollten? Dann können Sie das mit Gottes Hilfe tun! Und nicht nur das: Er setzt Sie auf die richtige Bahn. Er hat in seinem Wort verheißen, dass er Menschen mit seinen Augen leiten möchte. So nahe will er uns Menschen sein (Psalm 32).

Weitermachen

„Wenn ein Volk das prophetische Wort nicht annimmt, verliert es jeden Halt. Aber glücklich ist es, wenn es sich an Gottes Gesetz hält!“

Sprüche 29,18 (NLB)

Wenn der Tag kommt, an dem wir zufrieden sind mit dem, was wir erreicht haben, beginnen wir, uns auf unseren Lorbeeren auszuruhen. Wir schauen nur noch zurück anstatt nach vorne – das ist der Tag, an dem unsere Träume anfangen zu sterben.

Vielleicht haben wir so manches Ziel in unserem Leben nicht erreicht, weil wir aufgegeben haben. Das mag eine Ausbildung oder eine Aufgabe sein. Das mag ein Mensch sein, in den wir viel investiert haben. Aber obwohl es oft leichter scheint aufzugeben als durchzuhalten – Ausdauer lohnt sich! Sie ermöglicht Treue und Beständigkeit. Wir lernen, unser Bestes zu geben, egal, wie die Umstände sind. Wir kommen ans Ziel, wenn wir durchhalten. Wir können langjährige Beziehungen genießen. Wir reifen im Glauben und erleben ein aufregendes geistliches Leben, weil wir Gott und sein Wort nicht aufgeben. Ausdauer macht uns glücklich und zufrieden!

In der Bibel zeigt uns der Hebräerbrief, was wir tun können, um durchzuhalten:
1. Wir müssen uns frei machen von allem, was uns beschwert:

„Darum wollen wir jede Last ablegen, die uns behindert, besonders die Sünde, in die wir uns so leicht verstricken.“

Hebräer 12,1 (NLB)

Keiner von uns kann gut vorankommen, wenn er schwer beladen ist. Keiner von uns kann mit einer riesigen Palette Holz auf dem

Rücken versuchen, das Matterhorn zu besteigen. Wer vorankommen will, muss belastendes Gepäck ablegen: falsche Einstellungen oder Gewohnheiten, Egoismus, Neid, Streit usw. Was immer uns im Weg steht, müssen wir ablegen.
2. Wir müssen versuchen, das, was wir angefangen haben, auch zu Ende zu bringen.

„Wir wollen den Wettlauf bis zum Ende durchhalten, für den wir bestimmt sind."

Hebräer 12,1 (NLB)

Durchhalten heißt nicht nur, etwas auszuhalten im Sinne von: hinnehmen oder aussitzen. Es bedeutet nicht, alles über sich ergehen zu lassen oder die Hände in den Schoß zu legen. Durchhalten ist anders. Es heißt: Wir packen unsere Aufgaben und Herausforderungen mit Gott entschlossen an. Jedes Mal, wenn wir meinen, wir schaffen es nicht, dann schauen wir zurück und stellen fest, wie Gott uns jedes Mal geholfen hat. Dann bleiben wir dran. Dann gehen wir sogar mit neuem Mut, Freude, Kraft und Erwartung an andere Herausforderungen. Jedes Mal, wenn wir solche Hürden nehmen, beweisen wir es uns selbst, dass sie doch nicht so hoch sind, wie wir oder andere glaubten. Nächstes Mal, wenn der Berg noch größer ist, werden wir noch mehr Ausdauer haben!

Wer reist, reift.

„Urlaub ist die Fortsetzung des Familienlebens unter erschwerten Bedingungen.“

Alberto Sordi

Wer sich liebt, streitet auch im Urlaub – aber wie? Eine Umfrage hat festgestellt, dass die heftigsten Auseinandersetzungen auf der Fahrt in den Urlaub stattfinden. Bis alle Vorbereitungen erledigt und die Koffer gepackt sind, bis der Müll geleert, die Blumen versorgt, der Nachbar benachrichtigt und die Checkliste abgehakt ist, liegen die Nerven blank. Wenn unerwartet Auseinandersetzungen auftauchen und keiner das Auto, den Bus oder die Bahn verlassen kann, ist der Unfrieden vorprogrammiert. Was tun? Ein chinesisches Sprichwort sagt: „Säe einen Gedanken – und du erntest eine Tat; säe eine Tat – und du erntest eine Gewohnheit; säe eine Gewohnheit – und du erntest einen Charakter."

Hier ein paar gute Tipps aus dem Buch der Bücher, die uns helfen, „vernünftig" zu streiten:

Bleiben Sie bei der Wahrheit – nach dem Motto: nicht übertreiben oder untertreiben, nicht verallgemeinern, noch etikettieren. Somit bleiben Sie glaubwürdig und ernten Respekt. **Epheser 4,25**

Nicht außer Kontrolle geraten – nach dem Motto: Lassen Sie Ihren Ärger nicht zum Wutausbruch kippen. Das macht blind und gefährlich! **Epheser 4,26**

Nicht nur „wie" wir streiten ist wichtig, sondern auch „wann und wo" – nach dem Motto: Alles hat seine Zeit unter der Sonne! **Epheser 4,26-27**

„Geben ist seliger als nehmen" – nach dem Motto: Nicht nur alles vom anderen erwarten, sondern auch in der Lage sein zu geben. Nicht nur kritisieren, sondern auch Lösungen bereithalten. Nicht nur Fehler kommentieren, sondern auch aufbauen. Nicht nur bemängeln, sondern Verbesserungsvorschläge parat haben. **Epheser 4,28**

Den Streit sauber halten – nach dem Motto: Wenn Sie geschlagen sind, geben Sie auf! Seien Sie ein guter Verlierer! Sagen Sie: „Vergib mir. Du hattest recht!" **Epheser 4,29**

Eine musikalische Reise zu sich selbst

Die 9. Sinfonie e-Moll op. 95 Antonín Dvořáks trägt den Namen „Aus der Neuen Welt“, da sie von Dvořáks dreijährigem Amerika-Aufenthalt inspiriert wurde. Die Weltpremiere fand im Jahre 1893 in der Carnegie Hall in New York unter der Leitung von Anton Seidl statt. Wenn Sie die Sätze dieser Sinfonie erleben, können Sie daraus Fragen nach Ihrer eigenen Lebensreise ableiten: Die Sinfonie hat – wie fast alle Sinfonien – vier Sätze. Nehmen Sie sich die Zeit und teilen Sie Ihr Leben in vier Lebensphasen auf. An welche Zeit erinnern Sie sich am liebsten?

Der erste Satz der Sinfonie ist überschrieben mit Adagio, das bedeutet „langsam und ruhig“. Was verbinden Sie mit diesen Begriffen? Ist es eine Person, die für Sie eine besondere Bedeutung hat oder eine Erholungsphase? Allegro

„Wir reisen nicht nur an andere Orte, sondern vor allem reisen wir in andere Verfassungen der eigenen Seele.“

Werner Bergengruen

> Erforsche mich, Gott, und erkenne mein Herz, prüfe mich und erkenne meine Gedanken. Zeige mir, wenn ich auf falschen Wegen gehe und führe mich den Weg zum ewigen Leben.
>
> *Psalm 139,23-24 (NLB)*

molto wird als „sehr schnell" definiert, heißt aber ursprünglich „fröhlich". Ging es bei Ihnen auch einmal rasant fröhlich zu?

Das Tempo des zweiten Satzes der Sinfonie wird mit Largo bezeichnet, das bedeutet „breit". Es geht also gemütlich zu. Wie machen Sie es sich am liebsten bequem?

Der dritte Satz ist ein Scherzo, also ein Scherz. In der Musik bedeutet dies eine „unerwartete Wendung" oder sogar „Verirrungen", also etwas Unerwartetes. Gibt es auch in Ihrer Biografie unerwartete Wendungen, die ein spaßiges Erlebnis waren?

Zum Schluss kommt noch ein Allegro, diesmal con fuoco – also „mit Feuer". Was ist Ihnen wichtig? Wofür brennen Sie?

Zu Fuß in Gottes Welt

„Die Landschaft erobert man mit den Schuhsohlen, nicht mit den Autoreifen.“

Georges Duhamel

Jeder Meter, den wir zu Fuß in Gottes zauberhafter Welt zurücklegen, ist ein Abenteuer, eine Herausforderung und ein Genuss zugleich. Bergauf und bergab gibt es für Sportwanderer, Winterwanderer, Barfußwanderer, Bergwanderer oder Nachtwanderer Wunder über Wunder aufzuspüren. Wer sich den Wind um die Nase wehen und die Augen übergehen lassen möchte, stößt auf …

… spannende Streifzüge und einmalige Naturerlebnisse
… uralte Baumriesen und botanische Kleinodien
… abenteuerliche Felsformationen und verschlungene Pfade
… waldige Höhen und saftig-grüne Auen
… lichte Streuobstwiesen und duftende Winde
… steile Klippen und einsame Täler
… glitzernde Seenplatten und urige Moorlandschaften
… weiche Waldböden und spannende Felspassagen
… wildurwüchsige Natur und raue Winde

... bunte Bergwiesen und grüne Hochmoore
... stille Flusstäler und atemberaubende Felsenmeere
... bestechende Weinlandschaften und waldgesäumte Talsperren
... wildromantische Naturschutzgebiete und rauschende Bäche
... atemberaubende Panorama-Ausblicke und geheimnisvolle Spuren
... beeindruckende Baukünste und bezaubernde Burgruinen
... verspielte Schlösser und imposante Denkmäler
... historische Gruben und stillgelegte Stollen
... markant positionierte Festungen und idyllisch gelegene Städte
... herrliche Rundblicke und sagenhafte Geschichten

„Der Himmel verkündet es:
Gott ist groß!
Das Heer der Sterne bezeugt
seine Schöpfermacht.
Ein Tag sagt es dem andern,
jede Nacht ruft es der nächsten zu.
Kein Wort wird gesprochen,
kein Laut ist zu hören,
und doch geht ihr Ruf
weit über die Erde
bis hin zu ihren äußersten Grenzen."

Psalm 19,2-5 (GNB)

„Ich halte mich nah zu dir, denn deine rechte Hand hält mich sicher.“

Psalm 63,9 (NLB)

Auf Kurs bleiben

„Wegweiser können eine Straße in ein Labyrinth verwandeln.“

Stanislaw Jerzy Lec

Als wir mit einer Reisegruppe durch Kanada reisten, lernten wir einen Teilnehmer kennen, der seh- und hörbehindert war. Da wir viele Leute waren, gab es immer wieder jemanden, der ihm half, wenn er etwas nicht hören oder sehen konnte. In Montreal aber passierte es: Auf einmal war er weg. Trotz nächtlicher Suchaktion mit Polizeihilfe war er nicht aufzufinden. Am nächsten Morgen fand er dann von alleine wieder zum Hotel zurück. Auf die Frage, wo er denn gewesen sei, sagte er: „Ich dachte, ich könnte die Reise jetzt ohne Hilfe schaffen.“

Gerade wenn neue und unbekannte Lebensbereiche vor uns liegen, ist es gut, jemanden an der Seite zu haben, der den Weg kennt. Genau das ist es, was Gott den Menschen anbietet. Gott spricht uns zu: „Ich will dir den Weg zeigen, den du gehen sollst. Ich will dir raten und dich behüten“ (Psalm 32,8; NLB).

Im Leben gibt es einfach immer wieder Momente, wo wir in der Gefahr stehen, die Orientierung zu verlieren. Dies passiert oft gerade dann, wenn die Entwicklungen des Alltags uns überrollen und die vertrauten Eckdaten des Lebens nicht mehr vorhanden sind.

Der amerikanische Philosoph Roland May sagt über diese Situationen: „Es ist die tragische Angewohnheit des Menschen, dass er anfängt schneller zu rennen, wenn er sich verlaufen hat.“ Schnelles Laufen bringt uns nicht weiter, im Gegenteil: Wir müssen umkehren zurück zu dem, der den Weg kennt.

Ein kleiner Junge hatte sich im Wald verlaufen. Verzweifelt stand er an einer Wegkreuzung, nicht wissend, welcher Weg nach Hause führt. Auf einmal hörte er die Stimme seines Vaters, der ihn schon suchte. Als der Vater ihn fand und an die Hand nahm, da war es dem Kind egal, welcher Weg nun der richtige gewesen war. Er war an der Hand des Vaters und der kannte den Weg.

Aller guten Dinge sind drei

Drei Dinge, die nicht wiederkehren –
Zeit
Worte
Gelegenheiten

Drei Dinge, die man immer haben sollte –
Glaube
Hoffnung
Liebe

Drei Dinge, die das Leben wertvoll machen –
Freunde
Gelassenheit
Zuversicht

Drei Dinge, die im Leben niemals sicher sind –

Glück
Erfolg
Träume

Drei Dinge, die einen guten Menschen ausmachen –

Hingabe
Glaubwürdigkeit
Tüchtigkeit

Drei Dinge, die einen Menschen zerstören –

Stolz
Unversöhntheit
Wut

Drei göttliche Weisheiten –

Seid allezeit fröhlich,
betet ohne Unterlass,
seid dankbar in allen Dingen.

1. Thessalonicher 5,16-18 (LUT)

Die Großzügigkeit Gottes

„Willst du dich selber erkennen, so sieh, wie die andern es treiben!
Willst du die andern verstehen, blick in dein eigenes Herz!“

Friedrich Schiller

Der Flieger von Dubai nach Frankfurt war überbucht, und dementsprechend lang waren die Warteschlangen vor dem Abfertigungsschalter am Flughafen. Bis ich endlich am Schalter dran war, waren die besten Sitzplätze schon alle vergeben. Ich musste mich mit einem äußerst unbeliebten Platz zufrieden geben: in der allerletzten Reihe neben den Toiletten! Als ich endlich dort ankam, stellte ich fest, dass mein Platz schon besetzt war. Der Mann, der dort saß, bemerkte mein verdutztes Gesicht und sprang auf: „Gehört Ihnen dieser Platz?“ „Ja!“, sagte ich, worauf er fragte: „Wären Sie so nett und würden mit mir tauschen? Ich würde so gerne mit meiner Frau zusammensitzen, aber es gab keine zwei Plätze mehr nebeneinander.“ Nachdem ich erfahren hatte, dass er einen Fensterplatz hatte, musste ich nicht lange darüber nachdenken. Also spielte ich den großen Gönner und tauschte. Gerade als ich es mir so richtig bequem gemacht hatte, kam noch ein Mann mit derselben Bitte. Allerdings war sein Platz in der Mitte einer Fünferreihe. Nein, dort wollte ich nicht sitzen! Erst später traf mich die erschreckende Selbsterkenntnis: Solange ich nichts zu verlieren hatte und der Tausch meinem Wohl diente, war ich bereit, zuvorkommend zu sein. Ansonsten blieb Großzügigkeit für mich ein Fremdwort!

Bevor Sie mich gleich verurteilen: Wie hätten Sie reagiert? Vermutlich nicht viel anders als ich! Wir Menschen haben einen fast unheilbaren Drang nach den „besten Plätzen“ im Leben. Wir sind verliebt in den eigenen Erfolg! Habe ich recht? Nein? Gut, hier kommt eine Testfrage: Stellen Sie sich vor, Sie arbeiten in irgendeinem Betrieb. Ihr Vorgesetzter kommt eines Morgens herein und teilt Ihnen mit, dass Sie ihren Arbeitsplatz verlieren. Aber: Es gibt zwei andere Stellen, für die Sie sich bewerben können. Ein Posten bedeutet eine Beförderung, der andere eine Degradierung! Welche Stelle würden Sie bevorzugen?

Sie sind auf einer neuen Führungsebene angekommen und haben damit auch Zugang zu einem Speisezimmer für Führungskräfte. Sie müssen nicht unbedingt mit den anderen Angestellten in der Kantine essen. Wo essen Sie? Auch bei Dienstreisen gibt es Unterschiede: „Business Class“ oder „Economy“? Was buchen Sie?

Tatsache ist, dass der Aufstieg uns attraktiver und willkommener ist als der Abstieg. Großzügig sind wir dann, wenn es uns etwas bringt. So sind wir Menschen. Aber nicht Gott! Gott ist ganz anders! Er ist großzügig bis auf die Knochen – nicht, weil wir es verdient hätten, sondern weil es seinem Wesen entspricht. Er liebt es, großzügig zu sein. Zu uns. Zu Ihnen.

„Ihr wisst ja, was Jesus Christus, unser Herr,
in seiner Liebe für euch getan hat.
Er war reich und wurde für euch arm;
denn er wollte euch durch seine Armut reich machen!“

2. Korinther 8,9 (GNB)

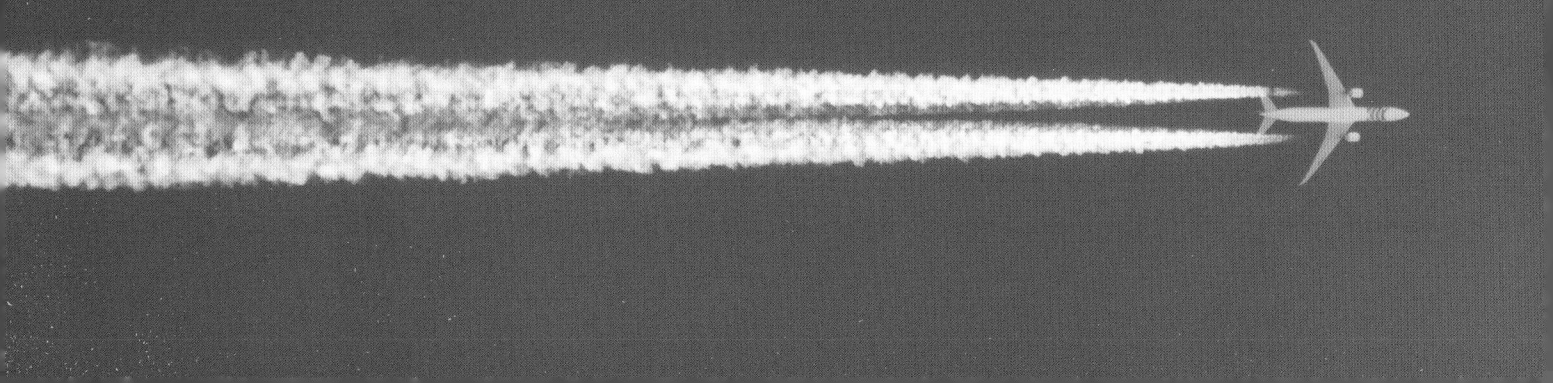

Spuren im Sand

„Wenn Sie Spuren im Sand der Zeit hinterlassen möchten, tragen Sie am besten Ihre Arbeitsschuhe!“

Quelle unbekannt

Abraham Lincoln ist für uns einer der größten Präsidenten, den die Vereinigten Staaten je hatten. Das machen wir nicht an dem fest, was dieser Mann geleistet hat, sondern an dem, was er geglaubt hat und wofür er einstand. Abraham Lincoln hat gesagt:

„Wenn du deinem Kind den Weg zeigen möchtest, den es gehen soll, dann gibt es dafür nur eine Möglichkeit, nämlich, dass du diesen Weg selber gehst."

Wenn unsere Worte einen Weg beschreiben und wir selbst nach einem anderen leben, werden unsere Kinder letztlich den Handlungen folgen. Wenn ein Kind mit Kritik groß wird, dann lernt es zu verurteilen. Wenn es mit Feindseligkeit lebt, lernt es, gewalttätig zu werden. Wenn es mit Verachtung lebt, lernt es, schüchtern zu leben. Wenn es mit Scham leben muss, lernt es, sich schuldig zu fühlen.

Aber wenn ein Kind mit Ermutigung lebt, lernt es Zuversicht, und wenn es mit Lob lebt, lernt es, andere zu schätzen. Wenn es mit Geborgenheit lebt, so lernt es Vertrauen. Und wenn es mit Annahme lebt, so lernt es sogar, die Welt zu lieben.

Also gehen Sie den Weg, den andere gehen sollen, und hinterlassen Sie Spuren im Sand!

„Nun, liebe Freunde, lasst mich zum Schluss noch etwas sagen: Konzentriert euch auf das, was wahr und anständig und gerecht ist. Denkt über das nach, was rein und liebenswert und bewunderungswürdig ist, über Dinge, die Auszeichnung und Lob verdienen. Hört nicht auf, das zu tun, was ihr von mir gelernt und gehört habt und was ihr bei mir gesehen habt; und der Gott des Friedens wird mit euch sein.

Philipper 4,8-9 (NLB)

Die Reise nach Jerusalem

„Wir loben darum so gern, was uns Freude macht, weil das Lob unsere Freude mehrt, sie zu ihrer gottgewollten Erfüllung bringt.“

C.S. Lewis

Fröhliche Umzüge gibt es nicht erst, seitdem wir Karneval feiern. Schon im Alten Testament (1. Chronik 15) lesen wir von einer großen und feierlichen Prozession, die zur Ehre Gottes organisiert wurde. So hatte König David für den Transport der Bundeslade vom Hause Obed-Edoms nach Jerusalem einen spektakulären Umzug auf die Beine gestellt – denn Gott hatte den Stamm Levi dazu auserwählt, seine Lade zu tragen und ihm allezeit zu dienen. Die musikalische Begleitung durfte natürlich auch nicht fehlen: Asaph zum Beispiel sollte neben seiner Aufgabe als Sänger auf seinem bronzenen Becken den Ton angeben und zusammen mit vielen anderen Menschen Gott mit frohen Liedern preisen. Auch Asaphs Vater, der mit einigen Trompetenspielern als Wächter der Lade vorausging, nahm am Umzug teil. Einen Dresscode gab es auch: Alle Sänger und auch die Träger der Lade trugen feines weißes Leinen, genau wie der König. Es war ein festlicher Umzug mit Partystimmung. Ganz Israel jubelte, umgeben vom Klang der Hörner, Trompeten, Becken, Harfen und Lauten. Sie feierten und tanzten so ausgelassen, dass Michal sich für ihren tanzenden Ehemann David schämte. Gott aber freute sich riesig über Davids Dankbarkeit und darüber, dass er nur für ihn so fröhlich tanzte. So viel Freude kann also ein solcher Umzug nicht nur uns – sondern auch Gott machen!

„Halleluja! Lobt Gott in seinem Heiligtum,
lobt ihn in seiner himmlischen Wohnung!
Lobt ihn für seine mächtigen Taten,
lobt ihn in seiner unvergleichlichen Größe!
Lobt ihn mit dem Klang der Posaune,
lobt ihn mit Harfe und mit Zither!
Lobt ihn mit Tanz und Tamburin,
lobt ihn mit Saiteninstrumenten und Flöten!
Lobt ihn mit klingenden Zimbeln,
lobt ihn mit dem Klang lauter Zimbeln.
Alles, was atmet, lobe den Herrn! Halleluja!“

Psalm 150,1-6 (NLB)

Eine besondere Duftnote

Im Mai, wenn die Macchia-Pflanze blüht, kann man auf Korsika überall herrliche aromatische Düfte riechen. Man kann sich ihnen gar nicht entziehen – sie sind überall in der Luft! Man findet sie aber nicht nur in der Natur, sondern auch in Geschenklädchen, Blumengeschäften und Souvenirläden. Es gibt sie in Gestecken, Kränzen und Sträußen. Es gibt sie für jede Jahreszeit und für jeden Typ – egal, ob Mann oder Frau. Und manche Menschen lieben diese Düfte über alles und man merkt es. In der ganzen Wohnung, in Schubladen und Kleidern duftet es nach irgendwelchen Blumen, Kräutern oder Gewürzen.

So ist es, wenn Menschen ihren Glauben an Gott ganz natürlich und authentisch ausleben. Sie verbreiten überall einen Duft und hinterlassen einen entscheidenden Eindruck. Dieser Eindruck stößt manchmal auf positive, manchmal auf negative Reaktionen. Manche Menschen reagieren interessiert und wohlwollend, andere eher allergisch und ablehnend. Aber auf alle Fälle ist es ein Wohlgeruch, der immer da ist und den jeder wahrnehmen kann.

Aber es gibt auch diejenigen, die diese Gerüche gar nicht mögen – ja, gar nicht ausstehen können. Sie können die wunderbaren Düfte einfach nicht ertragen und bleiben lieber auf Distanz.

Wenn wir echtes Christsein widerspiegeln, dann werden Menschen, die mit uns in Kontakt kommen, entweder bitter oder besser – aber nie

„Es gibt Menschen, die erscheinen uns wie Edelsteine. Sie reflektieren das empfangene Licht so farbenfroh und strahlend, dass wir uns nach der Lichtquelle umschauen."

Hans-Joachim Eckstein

dieselben Menschen bleiben. Sie werden entweder in ihrer Opposition gegen Jesus oder in ihrem Interesse an Jesus gestärkt. Jesus hatte zweifellos diesen Wohlgeruch. Er machte einen entscheidenden Eindruck. Niemand, der mit Jesus in Kontakt gekommen war, ging als derselbe Mensch weg.

Welchen Duft verbreiten wir am Sonntag oder Montag? Kann man uns noch riechen? Tragen wir ihn nur für bestimmte Leute auf? Tragen wir vielleicht einen strengen, alten Duft mit Verfallsdatum? Brauchen wir einen neuen frischen Duft?

Manchmal ist uns gar nicht bewusst, dass wir einen Wohlgeruch verbreiten. Manchmal rechnen wir gar nicht damit, dass andere Menschen unseren Duft wahrnehmen. Und manchmal vergessen wir, dass Jesus immer und überall dabei ist – wie ein Duft überall in der Luft, den jeder wahrnehmen kann.

„Gott aber sei gedankt, der uns allezeit Sieg gibt in Christus und offenbart den Wohlgeruch seiner Erkenntnis durch uns an allen Orten!“

2. Korinther 2,14 (LUT)

Romantikreisen für Verliebte

„So schuf Gott die Menschen nach seinem Bild, nach dem Bild Gottes schuf er sie, als Mann und Frau schuf er sie. (…) Danach betrachtete Gott alles, was er geschaffen hatte. Und er sah, dass es sehr gut war.“

1. Mose 1,27-31 (NLB)

Gleich am Anfang der Bibel ist die Rede von Mann und Frau – der Mensch, der nicht alleine, sondern zu zweit durchs Leben geht. Machen Sie es sich gemütlich und stellen Sie sich einmal vor …

Offline zu zweit
Traumzeiten im siebten Himmel
Glücksmomente für Verliebte
Orientalische Träume mit Schokolade
Pure Entspannung in Liebeslauben
Romantische Wochenenden unter dem Sternenhimmel
Kuscheltage in traumhaften Luxushotels mit Zimmerfrühstück
Stilvolle Reisen zum Ort der Eheschließung für Heiratswillige
Flitterwochen: festlich, fürstlich und zum Flittern
Liebesgeflüster in prickelnder Stimmung – wie in guten alten Zeiten

Auch die Bibel kennt Romantik. Lesen Sie einmal das Hohelied von König Salomo:

Sie: „Mein Geliebter ist voller Kraft und strahlend schön, unter Zehntausenden ist ihm keiner gleich. Sein Gesicht ist wie feinstes Gold, sein Haar ist rabenschwarz und seine Locken sind wie wallende Ranken. Seine Augen gleichen Tauben an Wasserbächen, die wie in Milch gebadet am Teichrand sitzen. Seine Wangen sind wie Balsambeere voll duftender Kräuter, seine Lippen wie Lilien, triefend von flüssiger Myrrhe. Seine Arme sind wie Barren aus Gold, mit Edelsteinen geschmückt. (...) Sein Mund ist voll Süße – alles an ihm ist begehrenswert. So ist mein Geliebter."

Hoheslied 5,10-16 (NLB)

Er: „Wie bezaubernd sind deine Schritte in den Sandalen, du königliches Mädchen. Die Rundungen deiner Hüften sind wie Geschmeide: das Werk eines Künstlers. Dein Nabel gleicht einer runden Schale, der es nie an edlem Wein fehlen wird. Dein Bauch ist wie ein Weizenhügel, gesäumt mit Lilien. Deine beiden Brüste sind wie zwei junge Rehe, wie Zwillinge der Gazelle. (...) Wie schön und wie bezaubernd du bist, deine Liebe ist so beglückend! Dein Wuchs gleicht einer hohen Palme und deine Brüste sind wie Trauben. Ich sagte mir: Ich will auf die Palme steigen und nach den Rispen greifen. Deine Brüste werden für mich wie Weintrauben sein."

Hoheslied 7,2-10 (NLB)

Schmalspurversion des Lebens

„Du musst deine Tage besitzen, einen jeden einzelnen.
Sonst gehen die Jahre vorbei, und keiner davon gehört dir!“

Herb Gardner

Ein wohlhabender Amerikaner schenkte einer Gruppe Lehrern aus Litauen einen Urlaub in den USA mit allem, was das Herz begehrt. Diese Lehrer waren noch nie außerhalb ihres Heimatlandes gewesen – die meisten von ihnen noch nicht einmal weiter weg als 50 km von ihrem Heimatdorf. Dieses Geschenk war für sie eine tolle Chance, etwas völlig Neues zu entdecken: Ein Flug um die halbe Welt ins Sonnenparadies Kalifornien mit einem ungewohnten Klima, außergewöhnlichem Essen, einer anderen Sprache und Kultur und zig weiteren Möglichkeiten. Sie konnten nach Herzenslust alles erforschen und für sich entdecken. Das Land lag ihnen zu Füßen.

Leider wussten einige der Reisenden nicht, wie sie mit dem großen Angebot, was ihnen geboten wurde, umgehen sollten. Zwei Frauen verließen kaum das Hotel, weil sie sehr unsicher waren und Angst vor dem Unbekannten hatten. Sie verkrochen sich mit ihren mitgebrachten Büchern in ihren Zimmern. Wie schade, sie hätten so viel mehr aus ihren Möglichkeiten machen können, doch sie waren von der Vielfalt der Möglichkeiten überfordert.

Manchmal gehen wir Christen unser „neues Leben“ mit Jesus in ähnlicher Weise an. Wir verharren in einer Schmalspurversion des Lebens. Dies geschieht manchmal aus Bequemlichkeit, manchmal aber auch aus Scheu oder Angst vor Veränderungen und leider allzu oft aus mangelndem Vertrauen in Gottes Pläne für unser Leben. Dadurch verpassen wir viele wunderbare Gelegenheiten.

Maria, die Mutter Jesu, war flexibel und ließ sich spontan auf ungewisse und ungewöhnliche Wege Gottes ein. Sie war bereit umzudenken und stellte sich den Veränderungen und Herausforderungen, die ihr begegneten – und das mit einem fröhlichen Herzen und einem Loblied auf den Lippen (Lukas 1, 46-55). Was immer Gott von ihr verlangen würde, wollte sie tun! Denn sie war von Herzen überzeugt, dass Gott der beste Platzanweiser ist und ihr helfen kann, das Beste aus ihrem Leben zu machen:

„Ich will mich dem Herrn ganz zur Verfügung stellen. Alles soll so geschehen, wie du es mir gesagt hast."

Lukas 1,38 (HFA)

Was Gott von uns Menschen auf unserer persönlichen Lebensreise verlangt, ist letztlich viel einfacher und gleichzeitig tiefgründiger als bloß an einem Glaubenssystem festzuhalten oder bestimmte Regeln zu befolgen. Er sucht unsere Aufmerksamkeit und umwirbt uns, als hätte er sonst nichts zu tun. Er wünscht uns eine Reise, auf der wir uns zeigen lassen können, was es heißt, zu „wagen und zu gewinnen" – und dabei unser Leben zu genießen!

Mehr Schein als Sein

„Deine Schwachheit festzustellen ist nicht entmutigend, wenn du zugleich immer mehr die Allmacht der göttlichen Liebe entdeckst."

Michael Quoist

Man sieht es auf den ersten Blick: Der Besitzer dieses Hauses hat sich die Fassade etwas kosten lassen. Es soll ein Vorgeschmack, ein Hinweis auf das sein, was sich an Herrlichkeit und Pracht noch alles hinter der Außenfassade verbirgt. Doch der Zahn der Zeit hat vieles von dem, was einmal war, vergehen lassen. Geblieben ist die Fassade.

So wie hinter so manchen wunderschönen Fassaden kein wahres Leben steckt, so ist es auch bei uns Menschen, wenn wir uns Masken aufsetzen. Wir erscheinen dann anders, als wir wirklich sind. Wir verstecken unser wahres Ich und machen uns selbst und anderen etwas vor.

Wenn wir Masken tragen, versuchen wir uns anders oder besser darzustellen, als wir wirklich sind. Dieses Vortäuschen falscher Tatsachen kann ein Zeichen unserer eigenen inneren Unzufriedenheit sein. Wir wären so gerne umgänglicher, mitfühlender, verständnisvoller oder brillanter, wohlhabender und angesehener. Ja – einfach anders, einfach besser.

Das Tragen von Masken kann aber auch ein Spiegel unserer Sehnsucht nach Annahme und Anerkennung sein. Wir sind überzeugt, dass unser Selbstbild auf Hochglanz gebracht werden muss, damit wir bei Menschen angenommen und geliebt sind. Masken sind eigentlich Abwehrmethoden, die uns schützen sollen, damit wir uns nicht blamieren und nirgendwo weniger darstellen, als wir darstellen könnten. So tragen wir eine Maske – eine schöne Fassade.

Aber egal, wie gut und schön unsere Fassade ist, sie ist und bleibt ein Versteck und spiegelt nicht unbedingt die Tiefen unseres Lebens und persönlichen Ichs wider. Ohne Echtheit kön-

„Wer begreift, dass er der Geliebte Gottes ist, der braucht nicht mehr durch die Gegend zu laufen und um Anerkennung zu betteln."

Henri Nouwen

nen wir durchaus noch als netter, freundlicher Mensch gelten, aber das Eigentliche, wonach wir uns sehnen, bleibt auf der Strecke: ein sinnvolles, erfülltes Leben. So ein Leben kann und will uns Gott selbst schenken. Er weiß, dass wir durch unsere Abhängigkeit und Angst vor den Urteilen anderer Menschen nie die Person werden, die er sich wünscht. Wir werden nie frei sein von all dem, was uns festhält und aufhält. Nur durch Gottes Maßstäbe werden wir wissen können, wer wir wirklich sind und warum und wozu wir leben.

Die Rundreise eines Herzens

„Ich bin ein Pilger auf einer Reise. Ich kehre zurück in das Haus meines Vaters."

Brennan Manning

Psalm 73 ist die bewegende Autobiografie eines frustrierten und geheilten Herzens. Der Autor Asaph, ein Dichter und Denker, ein Musiker und Prophet, erzählt offen und energisch über seine Glaubenskrise und wie er diese überwunden hatte. Seine Reise beginnt mit der tiefen Überzeugung: „Ja, ich weiß, dass Gott zu Israel gut ist!" Und so lebt er auch. Jeden Tag singt er diese Worte mit dem ganzen Lobpreisteam im Tempel zum Lobe Gottes (2. Chronik 5) – bis er sieht, wie gut es den Menschen geht, die Gott nicht ehren. Bis er den Eindruck gewinnt, dass sich die Sünde nicht nur lohnt, sondern auch angesehen ist. Er fängt an, Menschen zu beneiden, die Gott nicht kennen und ehren.

Obwohl er sich selbst bemüht hat, alles zu verstehen und ein reines Gewissen zu bewahren, fragt er sich jetzt: „Was hat mir mein Glauben gebracht? War alles umsonst?" Diese Gedanken treiben ihn um. Aber dann, als er wieder zurück ins Heiligtum kehrt – in die Nähe und in die Gemeinschaft mit Gott – kann er sein eigenes Leben und das Leben der „Anderen" vom Ende her sehen. In der Nähe Gottes erkennt er auch wieder, was er alles bei Gott hat:

1. Er gehört zu Gott, egal was passiert.
2. Gott hält ihn immer und überall fest.
3. Gott leitet ihn nach seinem Plan.
4. Seine Zukunft liegt bei Gott.
5. Nur Gott kann ihm wirklich helfen.
6. Bei Gott liegt sein ganzes Glück.
7. Gott ist vertrauenswürdig und tut große Dinge – davon will er weitererzählen.

Diese Erkenntnisse machen sein Herz wieder froh und frei. Jetzt ist er wieder da, wo er am Anfang war. Bei Gott.

„Wie werden sich die freuen, die zu dir kommen und in deinen heiligen Vorhöfen wohnen dürfen! Große Freude erwartet uns in deinem heiligen Tempel."

Psalm 65,5 (NLB)

Die Reise ins Ungewisse

„Das Leben ist eine Reise, auf der wir beständig die Szene wechseln!“

Lucius Annaeus Seneca

Das ist schon eine spannende Geschichte, so ein Rendezvous mit einer völlig unbekannten Person. Wie wird sie oder er wohl aussehen? Was für ein Mensch wird der oder die andere sein? Wird die Chemie stimmen und wird es eine Begegnung mit Zukunft werden? Eindeutig: Es verlangt Mut, sich auf ein „Blind Date“ einzulassen.

Noch mehr Mut braucht es allerdings, wenn man zu einer Reise ins Ungewisse aufbricht. Eine Reise ohne Ziel und Zeitangabe. Eine Reise, wo der Weg nicht bekannt ist und es keine Garantie gibt, dass das Ziel der Reise alle Mühen und Strapazen wert sein wird. Eine Reise, wo man auch alle Brücken hinter sich abbricht. Das aber war genau Gottes Anweisung an den Mann Abraham.

„Geh aus deinem Vaterland und von deiner Verwandtschaft und aus deines Vaters Hause in ein Land, das ich dir zeigen will.“

1. Mose 12,1 (LUT)

Das unbekannte Land lag nicht hinter der nächsten Bergkette. Im Gegenteil: Abraham war sein Leben lang unterwegs, und obwohl er das verheißene Land durchzog, wurde es nicht zu seiner Heimat. Erst seine Nachkommen konnten dieses Land ihr Eigen nennen. Genau wie Gott es Abraham versprochen hatte.

Die Reise selbst war ein Hürdenlauf, gespickt mit vielen Hindernissen. Bestimmt hatte Abraham Momente gehabt, wo er an die alte Heimat gedacht hatte. Mit der Länge des Weges wuchs die Unsicherheit, ob man das Ziel je erreichen wird. Aber er hatte blindes Vertrauen in Gott. Er war bereit, alles zu geben. Dabei erfuhr er Schritt für Schritt, dass Gottes Wege gesegnete Wege sind. Seine Nachkommen wurden ein großes Volk und er erlebte Gottes Segen in einer Art und Weise, dass er selbst ein Segensträger wurde.

Auch bei einem „Blind Date“ gibt es so manchen Reinfall, aber blindes Vertrauen gegenüber Gott trägt uns durchs Leben und bringt uns zum Ziel, zu Gott selbst.

Möge Gott auf dem Weg, den du vor dir hast, vor dir hergehen. Das ist mein Wunsch für deine Lebensreise. Mögest du die hellen Fußstapfen des Glücks finden und ihnen auf dem ganzen Weg folgen.

„Das Leben ist wie eine Pralinenschachtel:
Man weiß nie, was man abbekommt!"

aus dem Film „Forrest Gump"

Mitbringsel aus aller Welt

Oft bringen wir uns selbst und anderen ein Souvenir aus dem Urlaub oder von einer Dienstreise mit. Es sind Mitbringsel, die wir als Erinnerung an ein bestimmtes Ereignis, einen Ort oder eine Person mitnehmen und aufbewahren. Meistens ist es etwas Landestypisches, wie zum Beispiel eine hübsche Schachtel Pralinen aus Litauen. Auf der Rückseite der Schachtel stand in kleiner Schrift, warum Schokolade uns Menschen seit fast viertausend Jahre glücklich macht: Es ist die Kakaobohne! Sie hat eine einzigartige chemische Komposition, die mehr als 500 wertvolle Stoffe beinhaltet. Diese Stoffe sorgen dafür, dass wir Menschen guten Mutes werden, dass wir unsere Lebendigkeit immer wieder zurückgewinnen und dass unser Alltag versüßt wird.

Aber was ist, wenn die Schachtel leer ist? Und wie viel Schokolade müssen wir täglich verzehren, damit wir stets guten Mutes sind und die Glückmomente nie ausbleiben? Und was ist mit den Nebenwirkungen?

Obwohl es diese zauberhafte Kakaobohne schon zu Zeiten von König David gab, schrieb er voller Überzeugung in Psalm 1,2-3: „Wie glücklich ist ein Mensch, der Freude findet an den Weisungen des Herrn, der Tag und Nacht in seinem Gesetz liest und darüber nachdenkt. Er gleicht einem Baum, der am Wasser steht, Jahr für Jahr trägt er Frucht, sein Laub bleibt grün und frisch. Was immer ein solcher Mensch unternimmt, es gelingt ihm gut“ (GNB).

Was macht Sie glücklich? Was oder wer schafft es, Ihren Tag zu versüßen?

„Nichts ist wertvoller als ein guter Freund,
außer ein guter Freund mit Schokolade.“

Linda Grayson

Elchtest des Glaubens

Bei einem Elchtest muss ein Fahrzeug einem unerwarteten Hindernis ausweichen. Es wird geprüft, wie schnell und ob überhaupt ein Auto wieder kontrolliert werden kann. Dieser normale Schleudertest verdankt seinen Namen seinem Ursprungsort: Der Test wird in Schweden durchgeführt; dort kann ein unerwartetes Hindernis durchaus ein Elch sein.

Genauso funktioniert der Elchtest des Glaubens. Das ist eine Teststrecke, auf der ein Christ mit Gott unterwegs ist und verschiedenen Hindernissen bzw. Versuchungen ausweichen muss. Wer im Glauben aktiv ist, begibt sich ein Leben lang auf diese Teststrecke. Wer den Glauben nicht auslebt, der hat mit dem Elchtest kein Problem. Auch wenn man in Schweden nicht jeden Tag einen Elch sieht, es gibt sie! Auch wenn wir auf unserer Lebensreise nicht jeden Tag Hindernissen und Versuchungen ausweichen müssen – es gibt sie!

Um den Elchtest zu bestehen, müssen wir gekonnt den Hindernissen ausweichen. Wir müssen damit rechnen, dass es Elche gibt. Wir müssen richtig und schnell reagieren, konzentriert fahren und uns selbst gut kennen.

Genau diese Sehnsucht haben viele Christen. Der Wille ist vorhanden, aber die Durchführung ist nicht immer erfolgreich. Wir kommen oft ins Schleudern und verlieren die Kontrolle. Unsere Hindernisse können Menschen sein, bei denen es uns schwerfällt, freundlich zu sein oder sie zu lieben. Es kann die Bescheidenheit sein, die in Vergessenheit geraten ist. Es kann die Geduld sein, die auf die Probe gestellt wird.

Gut, dass Gott uns nicht gleich bei einem „hinkenden Fahrverhalten" oder einem „Elchtest-Kipp-Debakel" als Versager abstempelt und ersetzt, sondern dass er uns mit gnädigen Augen ansieht!

„Schaffe in mir, Gott, ein reines Herz,
und gib mir einen neuen, beständigen Geist!"

Psalm 51,12 (LUT)

Unterwegs mit Herz, Courage und Verstand

Kennen Sie den wunderschönen Film „Der Zauberer von Oz“? Dort verschlägt es ein kleines Mädchen namens Dorothy nach Oz, ein sonderbares Land, in dem merkwürdige Dinge passieren. Dorothy findet aber ganz schnell Freunde und Verbündete, die außergewöhnliche Wünsche haben: eine Vogelscheuche, die sich Verstand wünscht, einen Zinn-Mann, der sich ein Herz wünscht und einen ängstlichen Löwen, der sich mehr Courage wünscht. Gemeinsam machen sich diese Vier auf eine ungewöhnliche Reise, um den Zauberer von Oz zu finden. Unterwegs entdecken sie, dass in ihnen genau die Eigenschaften schlummern, die sie glaubten, so bitter nötig zu haben.

Diese Geschichte hat schon viele Menschen über Generationen hinweg begeistert. Warum? Weil wir uns mit ihr identifizieren! Wir alle sind unterwegs auf einer Reise durchs Leben mit verschiedenen Stationen und Herausforderungen. Und um die Frau oder der Mann zu sein, die wir in Gottes Augen sein sollen, spüren wir, dass auch wir Herz, Courage und Verstand brauchen, ansonsten fehlt uns Entscheidendes im Leben.

Wir brauchen Verstand, Herz und Courage, um unsere eigene Reise mit Gott anzutreten und gute Ziele zu erreichen. Oft sind es gerade die seltsamen und unerwünschten Stationen auf unserer Reise, die Gott scheinbar ganz bewusst benutzt, damit wir schließlich die Person werden, die er sich vorgestellt hat – eine gesegnete Person, die auch zugleich ein Segen für andere ist!

„Gott gibt mir Kraft und macht den Weg sicher.“

Psalm 18,33 (NLB)

„Wir sind nicht umsonst in diese Welt gesetzt.
Wir sollen hier reif werden für eine andere Welt!“

Matthias Claudius

… dem Wetter nach!

Ein Bekannter, der schon öfters eine Segeltour an der korsischen Küste im Mittelmeer mitgemacht hat, erzählte uns nach einer Tour: „Wenn man zu Hause ist, hört man fast nie den Wetterbericht, aber wenn man auf einem Segelboot auf dem Mittelmeer ist, dann spitzt man ständig die Ohren und hält die Augen offen. Wenn die Sonne scheint und der Himmel wolkenlos ist, kann man durchaus ohne die Wettervorhersage auskommen – das Segeln ist dann einfach, bequem und sicher. Ganz anders, wenn ein Sturm aufzieht: Dann ist es erforderlich, entscheidend, ja unabdingbar, den Wetterbericht zu kennen und entsprechende Vorsichtsmaßnahmen zu treffen.“

Wir Menschen sind oft geneigt, das Gleiche mit Gott zu versuchen. Wenn die Sonne scheint, alles gut läuft, wir alles im Griff haben, stehen wir in der Gefahr, Gott außer Acht zu lassen. Aber sobald eine Krise kommt, klammern wir uns an Gott, im Wissen, dass wir die Situation ohne ihn nicht überstehen, nicht überleben können. Manchmal versuchen wir es tatsächlich, Gott für uns zu gebrauchen. Aber Gott möchte, dass wir ständig in seiner Nähe bleiben – uns weiterbilden –, damit wir nicht nur von Gott gerettet, sondern von Gott geführt werden.

Ein Profi-Segler konzentriert sich voll und ganz auf seinen Wettkampf. Sein Sport ist nicht nur eine Freizeitbeschäftigung, so wie er es für den Amateur ist. Ein Profi investiert seine ganze Kraft, Liebe, Verstand in den Wettkampf – ein Wettkampf, für den er sich entschieden hat.

Es ist einfach nicht möglich, die besten Ziele ohne Wissen, ohne Regeln, ohne Trainingsprogramm zu erreichen. Unser Trainingsprogramm für den Kampf gegen Denkfallen dürfen wir nicht unterschätzen. Wir brauchen regelmäßige Gespräche mit Gott, wenn wir sicher und zielorientiert durchs Leben kommen wollen.

Natürlich wird es Zeiten geben, in denen wir am liebsten unser Training abbrechen möchten. Oder mit der Intensität schludern wollen oder in denen wir müde werden, keine Lust mehr haben, uns lieber etwas ganz anderem widmen möchten. Aber wir müssen unser Herz – unseren inneren Rucksack – immer mehr füllen mit Gottes Denkweise, denn wir werden uns immer wieder in Wettkämpfen befinden mit andersdenkenden Menschen, wo es echt zur Sache geht – wie auf hoher See. Und dann müssen wir wissen, was wir denken und glauben. Wir müssen unsere Überzeugungen verteidigen können. Wir müssen klug und taktvoll argumentieren und Andersdenkenden so begegnen, dass sie gerne zuhören und uns verstehen. Und für diesen Kampf müssen wir selbst wissen und verstehen, was wir denken und glauben und daran festhalten.

„Das Gesetz seines Gottes trägt er in seinem Herzen, darum weicht er nicht vom richtigen Weg ab."

Psalm 37,31 (NLB)

Expeditionen ins Unbekannte

„Reisen sollte nur ein Mensch, der sich ständig überraschen lassen will.“

Oskar Maria Graf

„Was ist nun also der Glaube? Er ist das Vertrauen darauf, dass das, was wir hoffen, sich erfüllen wird, und die Überzeugung, dass das, was man nicht sieht, existiert.“

Hebräer 11,1 (NLB)

Es gibt Menschen, die sind risikofreudig und unternehmungslustig. Sie sind offen für ein Erlebnis, das sich von ihrem gewöhnlichen Alltag unterscheidet. Sie sind bereit, ihr bekanntes Umfeld zu verlassen, um Neues zu entdecken, auch wenn der Erfolg und Ausgang ungewiss ist. Jedes Abenteuer, das den Erfahrungshorizont möglicherweise erweitert, bekommt eine Chance. Dabei geht es nicht nur um durchorganisierte Reisen und Unternehmungen, sondern vielmehr um die Herausforderung, die Dinge des Alltags mal ganz anders zu sehen und dabei andere Wege zu gehen als bisher. Eine solche Einstellung erfordert Vertrauen, Durchhaltevermögen und Entschlossenheit, denn Abenteuerreisen können mühsam, unbequem und unvorhersehbar sein. Doch: „Wer nicht wagt, der nicht gewinnt!" Mumm ist also gefragt!

Wer in diesem Sinne vorankommen möchte, muss sich nicht gleich bei einer Safarifahrt im Geländewagen auf holprigen Wegen durchschütteln lassen oder beim Gorilla-Trekking mitmachen. Wer zu neuen Ufern aufbrechen will, kann das vor seiner eigenen Haustür tun.

In der Bibel gibt es eine Liste von Menschen, die ihren Erfahrungshorizont erweitert haben, weil sie Gott vertrauten: die Glaubenshelden.

Aufgrund dieser tiefen Überzeugung

... befolgte Noah die Anweisungen Gottes, obwohl von der angekündigten Katastrophe noch nichts zu sehen war.

... gehorchte Abraham, als Gott ihn rief und verließ seine Heimat, ohne zu wissen, wohin die Reise ihn führen wird.

... erinnerte Josef vor seinem Tod sein Volk an den von Gott angekündigten Auszug der Israeliten aus Ägypten.

... hielten die Eltern von Mose ihr Kind nach dessen Geburt drei Monate lang versteckt.

... konnten die Israeliten das Rote Meer durchqueren.

So ist das Leben. Wir sind auch Helden auf einer Reise. Wir haben alle Herausforderungen und müssen diese erkennen, annehmen und uns dann auf unsere Lebensreise machen. Das kann ein Umzug in eine unbekannte Stadt oder die Versöhnung mit einem Feind sein. Um als Held erfolgreich am Ende unserer Reise anzukommen, müssen wir Gottes Verheißungen vertrauen und bereit sein, uns von Gott zu verändern lassen.

Wüstenerfahrungen

„Du hast mir den Weg des Lebens gezeigt und wirst mir Freude schenken in deiner Gegenwart."

Apostelgeschichte 2,28 (NLB)

Aufstehen kann man erst, wenn man am Boden liegt, und schwimmen lernt man nur im Wasser. Es gibt Tage, an denen wir niedergeschlagen sind. Mehr noch, wir kommen uns einsam und verlassen vor. Es sind die Tage, an denen scheinbar alles schiefläuft.

Das fängt schon morgens an, wenn das Duschwasser nicht warm wird, das Auto nicht anspringt, der Mitarbeiter krankheitsbedingt ausfällt und alle Arbeit an einem selbst hängenbleibt. Man kommt nicht voran und dreht sich im Kreis. Es sind die Tage, an denen die Sonne nicht scheint.

David kannte auch diese Tage, an denen alles verloren schien. Als er vor seinem eigenen Sohn in die Wüste Juda fliehen musste, schrieb er: „Gott, du bist mein Gott, den ich suche. Es dürstet meine Seele nach dir, mein ganzer Mensch verlangt nach dir aus trockenem, dürren Land, wo kein Wasser ist“ (Psalm 63,2; LUT).

Was David um sich herum sah, beschrieb, wie es in seinem Herzen aussah: Leer, traurig, trostlos, ausgebrannt. Wie in einer Wüste. Er hatte scheinbar alles verloren. Aber er war weise genug, um zu wissen, dass dann, wenn nach außen hin alles trostlos zu sein scheint, sein tiefes Vertrauen und lebendiges Verhältnis zu Gott umso wichtiger ist.

David war in seinem Leben immer wieder in Sackgassen gelaufen. Aber am Ende solcher Erfahrungen heißt es immer wieder: „David erquickte sich“ oder „David aber stärkte sich in dem Herrn, seinem Gott“ (1. Samuel 30,6).

So konnte David auch auf der Flucht vor seinem eigenen Sohn beten: „Deine Gnade bedeutet mir mehr als das Leben; dich preise ich von ganzem Herzen! Ich will dich ehren, solange ich lebe, und meine Hände im Gebet zu dir erheben“ (Psalm 63,4-5; NLB).

Gott ist uns gerade dann besonders nah, wenn unsere Lebensreise durch die Wüste führt. Er führt uns zu frischem Wasser und das gibt uns Kraft aufzustehen.

Lebendiges Wasser

„Am letzten Tag, dem Höhepunkt des Festes, stellte Jesus sich hin und rief der Menge zu: ‚Wenn jemand Durst hat, soll er zu mir kommen und trinken! Wer an mich glaubt, aus dessen Innerem werden Ströme lebendigen Wassers fließen, wie es in der Schrift heißt.'"

Johannes 7,37-38 (NLB)

Es gibt scheinbar zweierlei Arten von Menschen auf dieser Erde: Die einen sind glücklich und zufrieden mit ihrem Leben und dem, was sie erreicht haben. Sie haben gute Freunde, die sie prägen und auf die sie sich verlassen können. Sie führen ihr Leben mit ganzer Hingabe und könnten sich als Kandidaten bei einer Fernsehshow mit dem Titel „Das perfekte Leben" bewerben.

Die anderen Menschen sind eher unglücklich und unzufrieden. Sie haben viele offene Fragen und Wünsche. Sie sind voller Bedauern, dass ihre Pläne nicht aufgehen und ihre Träume immer und immer wieder zerplatzen. Sie fragen sich: Wer sieht mich noch, wie ich bin? Wer macht noch Sinn aus meinem Unsinn? Wer bringt noch Ruhe in meine Unruhe? Wer zeigt mir, wo das wahre Leben zu finden ist? Wer stillt diese namenlose Sehnsucht in mir?

Genau so einem Menschen ist Jesus mitten im Alltag an einem Dorfbrunnen begegnet. Jesus ist sogar einen Umweg gegangen, weil er diesem Menschen begegnen wollte. Es war eine Frau, die gerade Wasser schöpfte. Jesus wusste alles über sie – auch, dass sie schon fünf enttäuschende Männerbeziehungen hinter sich hatte und sich deswegen schämte und wertlos vorkam. Weil Jesus Mitleid mit ihr hatte und nicht wollte, dass sie noch einmal leer ausgeht, macht er ihr ein Angebot: „Wenn du wüsstest, welche Gabe Gott für dich bereithält und wer der ist, der zu dir sagt: ‚Gib mir zu trinken', dann wärst du diejenige, die ihn bittet, und er würde dir lebendiges Wasser geben" (Johannes 4,10; NLB).

Genau wie Jesus den Durst dieser Frau nach Liebe, Wertschätzung, Bedeutsamkeit, Lebensfreude und ewigem Leben für immer stillen konnte, will er das für uns tun. Seine Annäherungsversuche bleiben nicht aus. Er will unsere Suche nach „Hätte ich ... Wäre ich ... Könnte ich ..." ein für alle Mal beenden.

Jesus wusste aber auch, dass die Glücklichen dieser Welt in all ihrem Glück genauso nach diesem lebendigen Wasser dürsten. Denn alles Glück der Welt stillt nur den ersten Durst, nicht aber die innere Sehnsucht nach dem ewigen Leben, das nur Gott geben kann.

Noch nicht angekommen

„Der Sinn des Reisens ist, an ein Ziel zu kommen,
der Sinn des Wanderns, unterwegs zu sein."

Theodor Heuss

Ein Missionar kam nach jahrelangem Dienst zurück in seine Heimat. Am Hafen in New York warteten am Pier schon viele Menschen, um ihre Verwandten, Freunde und Bekannten abzuholen. Von der Missionsgesellschaft aber war niemand gekommen. Man hatte seine Ankunft vergessen. Am Ende stand er mutterseelenallein in New York und suchte sich eine günstige Unterkunft für die Nacht. In seinem Herzen mischten sich Gefühle der Traurigkeit mit Bitterkeit. So viele Jahre war er im Dienst gewesen und dann hielt es niemand für nötig, ihn abzuholen. Mitten in dieses Grübeln legte Gott einen Gedanken in sein Herz: „Sei nicht traurig, du bist noch nicht am Ende deiner Reise."

> „Ein Tag, der sagt dem andern,
> mein Leben sei ein Wandern
> zur großen Ewigkeit,
> mein Heim ist nicht in dieser Zeit!"
>
> *Gerhard Tersteegen*

Weiter sehen

„Menschen, die aus der Hoffnung leben, sehen weiter.
Menschen, die aus der Liebe leben, sehen tiefer.
Menschen, die aus dem Glauben leben, sehen alles
in einem anderen Licht."

Lothar Zenetti

Es geschah, dass eine Frau Zwillinge empfing. Die Wochen vergingen und die Knaben wuchsen im Mutterleib. In dem Maß, in dem ihr Bewusstsein wuchs, stieg die Freude. „Sag, ist es nicht großartig, dass wir empfangen wurden? Ist es nicht wunderbar, dass wir leben?“ Die Zwillinge begannen, ihre Welt zu entdecken. Als sie aber die Schnur fanden, die sie mit ihrer Mutter verband und die ihnen die Nahrung gab, da sangen sie vor Freude. „Wie groß ist die Liebe unserer Mutter, dass sie ihr eigenes Leben mit uns teilt!“ Als aber die Wochen vergingen und schließlich zu Monaten wurden, merkten sie plötzlich, wie sehr sie sich verändert hatten. „Was soll das heißen?“, fragte der eine. „Das heißt“, antwortete der andere, „dass unser Aufenthalt in dieser Welt bald seinem Ende zugeht.“ – „Aber ich will gar nicht gehen“, erwiderte der eine, „ich möchte für immer hier bleiben.“ – „Wir haben keine andere Wahl“, entgegnete der andere, „aber vielleicht gibt es ein Leben nach der Geburt!“

„Wie könnte dies sein?“, fragte zweifelnd der Erste, „wir werden unsere Lebensschnur verlieren und aus unserem Lebensraum des warmen Wassers verschwinden, und wie sollten wir ohne sie leben können? Und außerdem haben andere vor uns diesen Schoß hier verlassen und niemand von ihnen ist zurückgekommen und hat uns gesagt, dass es ein Leben nach der Geburt gibt. Nein, die Geburt ist das Ende!“

So fiel der eine in tiefen Kummer und sagte: „Wenn die Empfängnis mit der Geburt endet, welchen Sinn hat dann das Leben im Schoß? Es ist sinnlos. Womöglich gibt es gar keine Mutter hinter allem.“ – „Aber sie muss doch existieren“, protestierte der andere, „wie sollen wir sonst hierher gekommen sein? Und wie könnten wir am Leben bleiben?“ – „Hast du je unsere Mutter gesehen?“, fragte der Erste. „Womöglich lebt sie nur in unserer Vorstellung. Wir haben sie uns erdacht, weil wir dadurch unser Leben besser verstehen können.“ Und so waren die letzten Tage im Schoß der Mutter erfüllt mit vielen Fragen und großer Angst. Schließlich kam der Moment der Geburt. Als die Zwillinge ihre Welt verlassen hatten, öffneten sie die Augen. Sie schrien. Was sie sahen, übertraf ihre kühnsten Träume. →

→ Es gibt so viele Gründe, warum Reisen dem Menschen einfach guttut. Es ist nicht nur die Freude, Unbekanntes und Neues zu entdecken. Es ist mehr. Reisen bildet. Es erweitert unseren Horizont, auch wenn die Veränderung, das Neue, erst einmal Angst machen kann – wir bekommen Einblicke in andere Kulturen und Lebensweisen: Das Staunen über die Schönheit und Vielfalt unserer Erde hilft uns, weiter zu sehen. So wie die Zwillinge nach ihrer Geburt überwältigt waren von dem Anblick der bisher fremden Welt. Dazu gehört aber auch der Blick zurück.

Mit etwas Distanz sieht unser Alltag anders aus. Und mit dem äußeren Abstand wächst auch die innere Entfernung zu den Herausforderungen unseres Lebens. Dieser Abstand erlaubt mir, ein größeres Bild meiner Situation

zu sehen. Er bringt andere Aspekte mit in mein Blickfeld und verändert meinen Fokus. Ich sehe mein Leben in einer neuen erweiterten Relation.

Der Blick in Gottes Schöpfung lässt mich etwas erahnen von der Größe Gottes und zeigt mir etwas von seiner Schöpferkraft und Macht. Der Blick in Gottes Wort gewährt mir einen Einblick in mein Leben, den ich sonst nirgendwo finden werde. Dort erfahre ich Gottes Sicht des Lebens. Ich lerne, weiter zu sehen, den Sinn des eigenen Lebens zu entdecken, und Auswege aus verfahrenen Situationen zu finden.

Reisen und Veränderungen schenken mir die Distanz, die ich brauche. Und wenn ich still werde, entdecke ich die Nähe Gottes.

Zufluchtsort

> „Nicht da ist man Zuhause, wo man wohnt, sondern dort, wo man verstanden wird."
>
> *Christian Morgenstern*

Jeder von uns kennt Zeiten, in denen wir einen Menschen brauchen, bei dem wir schonungslos offen sein können, ohne die Angst, nicht verstanden oder verurteilt zu werden. Wir suchen ein echtes Gegenüber, jemand, der uns zuhört, unsere Sorgen ernst nimmt und unsere Wunden verbindet. Jemand, der sein Herz für uns öffnet, aber seinen Mund hält.

Jemand hat einmal die Nachbarschaftskneipe mit der christlichen Gemeinde verglichen.

Die Nachbarschaftskneipe ist die wohl beste Kopie der Gesellschaft, die Gott uns zugedacht hat. Sie ist eine offene und einschließende Gemeinschaft. Sie ist durch nichts zu erschrecken. Sie ist sehr oft demokratisch, verständnisvoll, tolerant, weitherzig und nicht nachtragend. Aber im Gegensatz zur christlichen Gemeinde ist sie nur eine Imitation, die Alkohol anbietet statt Gnade, Barmherzigkeit und Vergebung. Am Ende, wenn der Rausch vorbei ist, ist man wieder allein.

Die Strandlokale an vielen Urlaubsorten sind oft bis in die frühen Morgenstunden gut besucht. Dabei ist es nicht unbedingt der Alkohol, der die Leute dort hinzieht, sondern die Sehnsucht, andere Menschen kennenzulernen und selbst erkannt zu werden. Diese Sehnsucht nach Gemeinschaft hat Gott dem Menschen ins Herz hineingelegt. Es ist verbunden mit der tiefen Sehnsucht nach Gott, die in jedem Menschen schlummert.

In der Geschichte Israels wird über Zufluchtsorte berichtet. Es gab offizielle „Städte der Zuflucht“, wo verfolgte Menschen Schutz finden konnten. Und damit der Schutzsuchende diesen Ort auch möglichst schnell erreichen konnte, mussten alle Straßen, die dorthin führten, in bester Ordnung sein: Alle Hügel wurden beseitigt, jeder Fluss wurde überbrückt und die Wege hatten zur Auflage, mindestens 20 Meter breit zu sein. Und all das nur, damit die, die unbedingt Hilfe brauchten, geschützt waren vor weiterer Schikane oder sogar vor der Lynchjustiz einer aufgebrachten Menge.

Die Gemeinde Gottes, das heißt: Jeder einzelne Christ kann auch hier und heute selbst für andere ein Zufluchtsort und auch ein Wegweiser zu Gott sein – dem Zufluchtsort, an dem jeder am besten aufgehoben ist. Gott ist unser Vater, bei dem wir jederzeit eine offene Tür finden, einen Zufluchtsort, der uns immer zur Verfügung steht – egal, was passiert!

„Jesus Christus gab sein Leben für uns hin, daran haben wir erkannt, was Liebe ist. Auch wir müssen deshalb unser Leben für unsere Mitmenschen einsetzen. Angenommen, jemand hat alles, was er in der Welt braucht. Nun sieht er seinen Nächsten Not leiden, verschließt aber sein Herz vor ihm – wie kann er dann behaupten, er liebt Gott?“

1. Johannes 3,16-18

Geschafft!

Haben Sie sich schon einmal gefragt, warum ein Folter- und Todesinstrument wie das Kreuz ein so wichtiges Symbol des christlichen Glaubens ist? Wissen Sie, warum Menschen auf dem Gipfel eines Berges ein solches Kreuz aufstellen? Die Botschaft des Gipfelkreuzes lautet: „Menschen haben den Berg mit seinen Gefahren besiegt und bezwungen.“ Hier ist das Kreuz ein Zeichen des Sieges, nicht des Todes.

Auch das Kreuz von Golgatha ist ein Zeichen des Sieges. Wie viele Berge gibt es in unserem Leben? Berge von Schwierigkeiten, von Sorgen und Nöten, Berge von Leid und Schuld, Berge von Mühsal und Einsamkeit? Jesus hat alle diese Berge besiegt und bezwungen. Dort steht sein Kreuz als Zeichen seines Sieges.

Bei einem Gipfelkreuz ist es Brauch, dass man sich in ein Buch oder eine Liste einträgt, wenn man dieses Kreuz erreicht hat. Auch wenn man den Sieg Jesu in Anspruch nehmen möchte, muss man sich eintragen. Das heißt, man muss das Kreuz erreichen, muss annehmen, dass Jesu Tod, sein Leiden, für uns Sieg und Freiheit gebracht haben. Unter dem Siegeskreuz Jesu werden auch wir zum Sieger, wenn wir dem vertrauen, der dort sein Leben für alle Menschen gelassen hat.

„Ich lasse alles hinter mir und sehe nur noch, was vor mir liegt. Ich halte geradewegs auf das Ziel zu, um den Siegespreis zu gewinnen. Dieser Preis ist das ewige Leben, zu dem Gott mich durch Jesus Christus berufen hat.“

Philipper 3,13-14 (GNB)

„Der gerade Weg ist der kürzeste,
aber es dauert meist am längsten,
bis man auf ihm zum Ziele gelangt!"

Georg Christoph Lichtenberg